DIE MONSTER AG

EGMONT FRANZ SCHNEIDER VERLAG

Schreck zur Schlafenszeit

An einem Abend vor nicht allzu langer Zeit kuschelte sich ein Junge in sein warmes Bett. Er fühlte sich sicher und zufrieden...bis er plötzlich ein Geräusch hörte. Wie alle Kinder in der ganzen Welt wusste auch dieser kleine Junge, dass die Nacht die Zeit der Monster ist. Sie würden aus dem Schrank kommen und ihn erschrecken! Als er sich schließlich traute, unter der Decke hervorzugucken, erblickte er das Monster – und schrie! Aber das Monster schrie auch...

TUUT! TUUT! „Simulation beendet!", tönte es aus dem Lautsprecher und das unechte Kind hörte endlich auf zu schreien. Es war Teil einer Trainingsausrüstung für die Auszubildenden der Monster AG. Das war die größte Fabrik in der Monsterwelt, die Kinderschreie sammelte, und die Neuen mussten lernen, wie man Kinder erschreckt – nach allen Regeln der Kunst.
„Eine Tür offen zu lassen ist der schlimmste Fehler, den jemand machen kann, weil…?", wollte der Trainer gerade wissen.

„… ein Kind durch die Tür hereinkommen könnte!", dröhnte eine Stimme von hinten.
Es war Mr. Waternoose, der Präsident der Monster AG. Die Auszubildenden schnappten nach Luft. Kinder waren sehr giftig für Monster!
„Dies ist der reine, unbehandelte Schrei eines Kindes", erklärte Waternoose.
Dabei ließ er aus einer Dose einen Schrei ertönen. Das Licht im Raum wurde plötzlich heller!

Währenddessen trainierte James P. Sullivan am anderen Ende der Stadt. Er galt als der beste Erschrecker der Monster AG. Sein Assistent und persönlicher Trainer war der einäugige Mike Glotzkowski.
Wie die anderen Erschrecker riskierte Sulley jeden Tag beim Sammeln von Kinderschreien sein Leben, um Monstropolis mit Energie zu versorgen.

Auf dem Weg zur Arbeit

Schrei-Energie war in Monstropolis jedoch inzwischen Mangelware. Kinder erschraken nicht mehr so leicht … sie waren abgehärtet durch Fernsehen und Computerspiele. Wegen dieses Mangels an Schrei-Energie beschlossen Mike und Sulley, zu Fuß zur Arbeit zu gehen. Als sie durch Monstropolis spazierten, winkten sie Freunden und Nachbarn zu.

„Hey, Mr. Sullivan!", rief ein Monsterfan, als Sulley in der Halle der Monster AG ankam.
„Nennen Sie mich einfach Sulley!", erwiderte Sulley bescheiden. Obwohl er ein berühmter Erschrecker war, behandelte Sulley die Monster, die er traf, immer freundlich.

In der Eingangshalle begrüßten Mike und Sulley Mikes Freundin Celia. In Mikes Auge war sie das schönste Monster, das er je gesehen hatte, nicht zuletzt wegen ihrer ungewöhnlichen Schlangenlocken.
„Oh, Schmupsie-Puh", hauchte Mike und zwinkerte ihr zu.
„Oh, mein Glotzäugelchen!", antwortete Celia ruhig.
Heute war Celias Geburtstag und Mike lud sie in das vornehme Restaurant Harryhausen ein. Celia war begeistert.

„Weißt du, Kumpel", meinte Mike im Umkleideraum zu Sulley, „Celia ist die Frau meines Lebens."
Plötzlich tauchte Randall, das Monster, das sich überall verstecken konnte, aus Mikes Spind auf.
„Hilfe!", schrie Mike erschrocken.
Randall war unheimlich und gemein … und sehr eifersüchtig auf Sulleys Position als bester Erschrecker.

Mike und Sulley gingen weiter zu Roz' Büro. Roz war auch unheimlich und gemein zu Mike, aber auf andere Art. Sie sah aus wie eine Nacktschnecke und hatte die Aufgabe, jeden Tag Mikes Protokolle einzusammeln. Und weil Mike nicht sehr gut war im Protokolleschreiben, geriet er fast immer in Schwierigkeiten.
„Ich beobachte Sie, Glotzkowski", knurrte Roz Mike an. „Ich beobachte Sie unablässig."

Die Etage des Schreckens

Kurz darauf begann der offizielle Arbeitstag. Während die anderen Arbeiter der Monster AG ehrfürchtig Platz machten, marschierten die Star-Erschrecker hinaus auf die Etage des Schreckens. Sie waren die besten, die Furcht erregendsten und, jawohl, die Star-Sammler von Kinderschreien in der ganzen Welt.

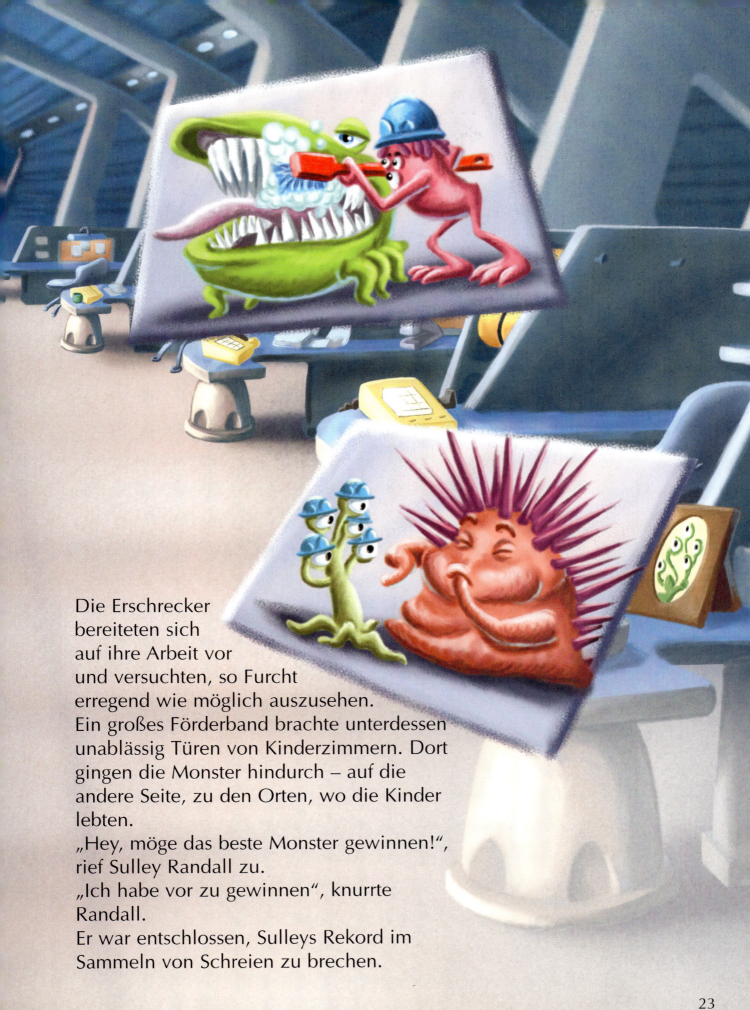

Die Erschrecker bereiteten sich auf ihre Arbeit vor und versuchten, so Furcht erregend wie möglich auszusehen. Ein großes Förderband brachte unterdessen unablässig Türen von Kinderzimmern. Dort gingen die Monster hindurch – auf die andere Seite, zu den Orten, wo die Kinder lebten.
„Hey, möge das beste Monster gewinnen!", rief Sulley Randall zu.
„Ich habe vor zu gewinnen", knurrte Randall.
Er war entschlossen, Sulleys Rekord im Sammeln von Schreien zu brechen.

Bald darauf leuchteten die roten Lampen über den Türen auf und signalisierten, dass alles bereit war. Die Monster stürmten los.
Plötzlich kam eine Ankündigung über den Lautsprecher: Randall hatte Sulley im Schreiesammeln überholt! Aber Randalls Führung hielt nicht an. Kurz darauf kam Sulley aus einer Tür, hinter der er fünfzehn Schreie gesammelt hatte.
„Pyjamaparty", rief Sulley triumphierend.

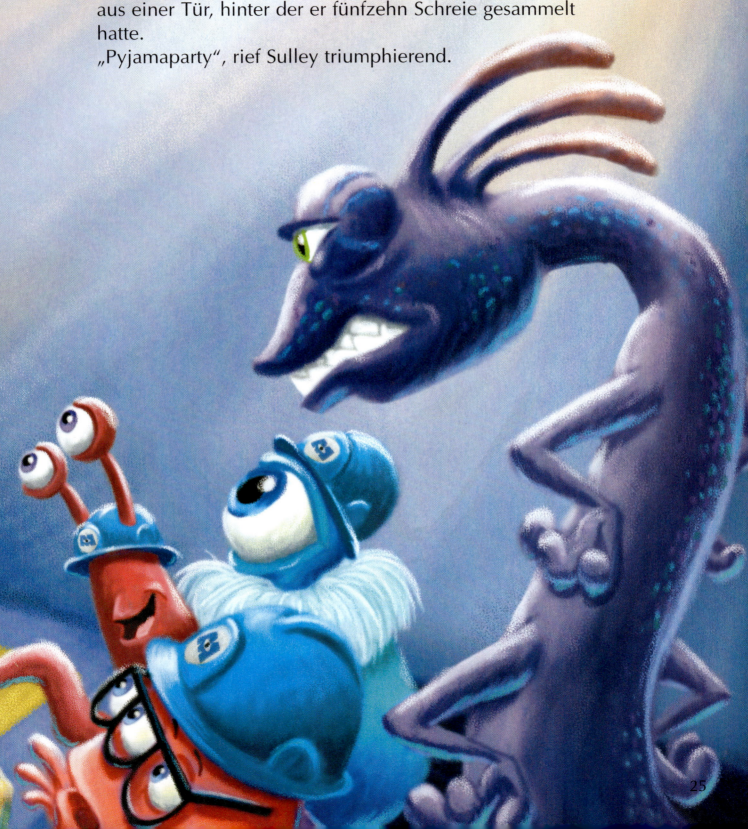

Plötzlich schrie ein Monsterassistent: „Wir haben einen 23-19!" Sofort rannten Leute des gefürchteten Kindersuchkommandos KSK von allen Seiten in den Raum! Einer der Erschrecker, George, war aus einem Kinderzimmer zurückgekommen. Und es klebte eine echte Kindersocke an seinem Rücken! Das KSK entgiftete ihn schnell und rasierte dabei seinen ganzen Pelz ab.

Während die Etage des Schreckens geschlossen wurde, um das System neu zu starten, nahm Waternoose Sulley beiseite und sprach mit ihm über die neuen Erschrecker-Auszubildenden.
„Ich dachte, vielleicht wollen Sie morgen vorbeikommen und ihnen etwas vorführen. Ihnen zeigen, was es bedeutet, ein Star-Erschrecker zu sein."
Sulley erklärte sich gern bereit Mr. Waternoose zu helfen.

Ein Kind im Schrank

Endlich war der Arbeitstag vorüber! Und Mike war aufgeregt: Nichts stand seinem romantischen Abend mit Celia mehr im Weg… nichts, bis auf Roz.
„Sicher haben Sie Ihre Protokolle schon abgeheftet", rief sie.
„Oh!", murmelte Mike und wurde blass. Er hatte die Protokolle völlig vergessen. Zum Glück sprang Sulley ein und half ihm aus der Patsche. Er bot an, Mikes Arbeit fertig zu stellen, während dieser mit Celia ausging. Sie wartete schon.

Aber als Sulley auf die Etage des Schreckens kam, sah er, dass noch eine Tür übrig war. Das rote Licht darüber brannte. Sulley spähte vorsichtig hinein.
Plötzlich hörte er hinter sich ein Geräusch. Schnell drehte er sich um und sah … EIN KIND! Alle wussten, dass Kinder für Monster giftig waren! Sogleich schleppte er das Mädchen mithilfe einer Zange zurück in sein Kinderzimmer und rannte wieder hinaus, so schnell er konnte. Erst als er durch die Tür war, bemerkte er, dass das Kind sich an ihn klammerte.

Gleichzeitig hörte er ein Geräusch. Er schubste das Kind schnell in eine große Tasche und hatte kaum noch Zeit, sich selbst zu verstecken, bevor Randall aus der Tür des Kindes herauskam. Sulley sah zu, wie Randall die Tür deaktivierte und sie zurück in den Keller schickte. Dann ging er mit den Schrei-Kanistern davon.
Sulley erschrak. Ohne die Tür konnte er doch gar nichts tun! Er musste unbedingt mit Mike sprechen.

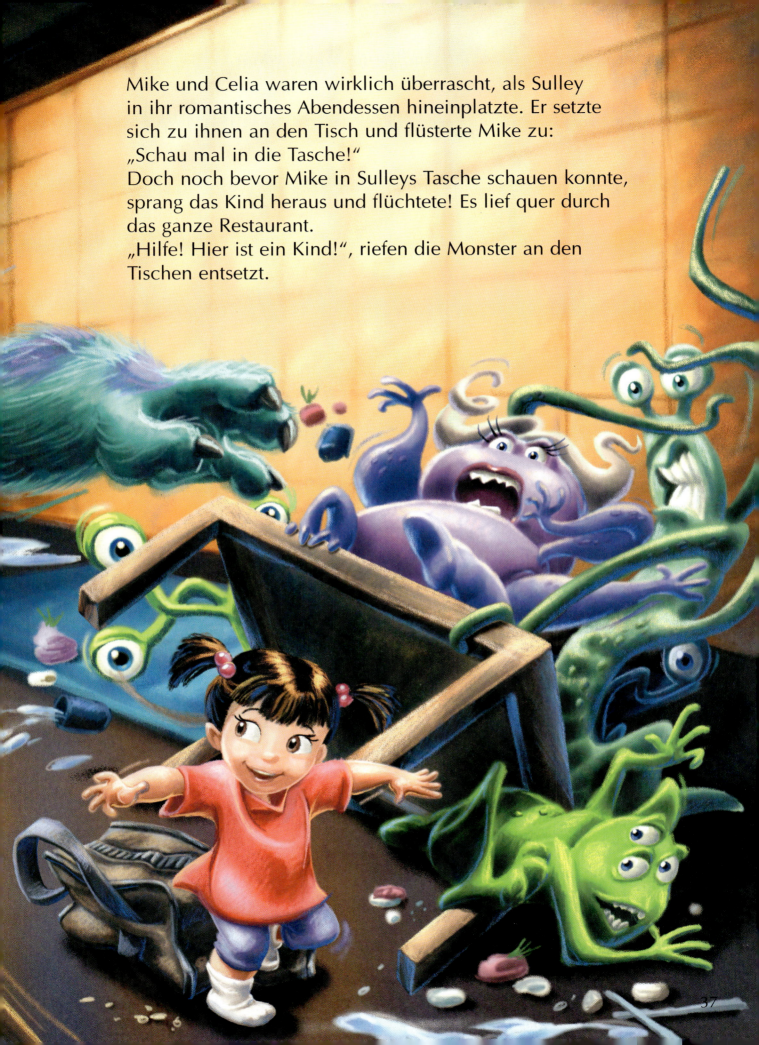

Mike und Celia waren wirklich überrascht, als Sulley in ihr romantisches Abendessen hineinplatzte. Er setzte sich zu ihnen an den Tisch und flüsterte Mike zu: „Schau mal in die Tasche!"
Doch noch bevor Mike in Sulleys Tasche schauen konnte, sprang das Kind heraus und flüchtete! Es lief quer durch das ganze Restaurant.
„Hilfe! Hier ist ein Kind!", riefen die Monster an den Tischen entsetzt.

Das KSK brauchte nicht lange, um ins Restaurant zu kommen. Dies war das erste Mal in der Geschichte von Monstropolis, dass ein Kind hier gesehen wurde. Hubschrauber flogen über dem Harryhausen und zur Sicherheit wurde es sogar in die Luft gesprengt, um mögliche Keime zu zerstören!
Mike und Sulley versteckten das Kind schnell in einer Kiste und flüchteten in eine Seitenstraße.

Später in ihrer Wohnung taten Sulley und Mike ihr Bestes, um sich vor der Kleinen zu schützen. Sie schien nicht die geringste Angst zu haben. Im Gegenteil, sie wollte offensichtlich gern mit ihnen spielen.
Als Mike versehentlich über einen Mülleimer stolperte, lachte das Kind! Und die Lampen im Zimmer wurden strahlend hell!
Die KSK-Hubschrauber flogen heran und leuchteten mit ihren Scheinwerfern in die Wohnung.

Nachdem sich die Aufregung gelegt hatte, führte Sulley das Kind ins Schlafzimmer. Aber das Mädchen hatte Angst. Es zeigte Sulley ein Bild von Randall. Und da verstand Sulley: Randall war das Monster, das die Kleine oft nachts erschreckte, und sie hatte Angst, er könnte im Schrank sein. „Siehst du, hier ist kein Monster drin", beruhigte Sulley sie und sprang in den Schrank, um ihr zu zeigen, dass sie hier sicher war. „Also, erst jetzt ist ein Monster drin – ich. Aber ich werde dir keine Angst einjagen. Ich bin gerade nicht im Dienst."

Als sie schlief, meinte Sulley: „Hey, Mike, es hört sich vielleicht verrückt an, aber dieses Kind ist sicher nicht gefährlich. Wie wär's, wenn wir es einfach wieder durch die Tür schicken?"

Und so zogen Sulley und Mike am nächsten Tag der Kleinen ein Monsterkostüm an und nahmen sie mit in die Monster AG ... wo es nur so wimmelte vor KSK-Beamten, die nach ihr suchten!

„Äh, das ist die ... äh, Tochter der Schwester meiner Kusine", erzählte Sulley nervös Mr. Waternoose.

Buh

Mike schob Sulley und das Kind schnell in den Umkleideraum.
„Warte hier, ich hole den Schlüssel zu seiner Tür", flüsterte Mike Sulley zu und verschwand.
Bald waren die beiden mitten im schönsten Versteckspiel.
„Buh!", rief das Kind glücklich. Es konnte sich toll verstecken.
„Hey, du bist gut!", lobte Sulley.
Und von da an nannte er die Kleine „Buh".

Mike kam zurück und war ganz schockiert, als er sah, wie gut sich Sulley und das Kind verstanden.
Da betraten Randall und sein Assistent Fungus den Raum.
Sulley, Mike und Buh versteckten sich in einer der Kabinen.
„Ich kümmere mich um das Kind", kündigte Randall an.
„Und wenn ich herausfinde,
wer es rausgelassen hat …
ist der ein toter Mann!"

„Au weia! Das ist wirklich schlecht", stöhnte Mike, als Randall gegangen war.
Sie mussten es schaffen, das Kind zurück durch seine Tür und in seine Welt zu schicken … und zwar schnell!
Als sie die Etage des Schreckens betraten, versuchten Sulley und Mike so zu tun, als sei alles in Ordnung. Aber etwas war nicht in Ordnung!

„Mike, das ist nicht Buhs Tür", sagte Sulley entschieden.
„Buh?!" Mike war schockiert. „Sulley, du sollst ihm doch keinen Namen geben! Wenn du das einmal getan hast, fängst du an, es zu mögen!"
Plötzlich bemerkten die beiden Monster, dass alle sie anstarrten. Also taten sie so, als würden sie eine Erschrecker-Demonstration für die Auszubildenden der Monster AG üben.

Buh verschwand schneller, als Mike und Sulley gucken konnten. Mike war dabei, sie zu suchen, als er von Randall gestellt wurde. Der hatte zugehört, wie Mike und Celia sich über ihr Abendessen in demselben Restaurant unterhalten hatten, in dem das Kind gesehen worden war. Als Mike zugab, in die Sache verwickelt zu sein, meinte Randall, er würde dafür sorgen, dass Buhs Tür mittags offen sei. Mike und Sulley könnten das Kind dann in sein Zimmer bringen.

Inzwischen versuchte Sulley immer noch Buh zu fangen. Doch ein paar KSK-Beamte standen ihm im Weg und baten um ein Autogramm.
Buh fiel unterdessen aus Versehen in einen Mülleimer. Sie kletterte unversehrt wieder heraus, aber ein Teil ihres Kostüms blieb in dem Eimer hängen. Später fand Sulley das Stück und begann tatsächlich zu weinen. Er dachte, Buh sei etwas Schlimmes passiert!

Wenig später hörte Sulley Buhs Stimme! Sie lebte und wanderte mit einer Kindergartengruppe von Monsterkindern umher! Sulley war unbeschreiblich erleichtert. Er nahm sie auf den Arm und wollte mit ihr zu Mike zurück. Doch der kam gerade angerannt!
Als eins der kleinen Monster Mike biss, fand Buh das so komisch, dass sie zu lachen begann. Das vervielfachte die Elektrizität. Alle Lampen leuchteten hell auf. Die Monsterkinder erschraken so sehr, dass sie schreiend davonliefen.

Die Tür ohne Wiederkehr

Zusammen mit Mike gingen sie zurück zur Etage des Schreckens. „Hier ist ihre Tür!", rief Mike. „Genau wie Randall sagte!"
„Wir können Randall nicht trauen!", warnte ihn Sulley.
Aber Mike war nicht seiner Meinung. Um zu beweisen, dass er Recht hatte, ging er selbst durch die Tür – und saß sofort in der Falle. Randall stülpte nämlich eine gelbe Kiste über ihn!

Dann kam er wieder durch Buhs Tür – und trug die Kiste mit dem gefangenen Mike. Sulley und Buh sausten hinter ihm her. Aber als sie um eine Ecke bogen, befanden sie sich plötzlich in einer Sackgasse!
Buh spielte an ein paar Hebeln auf einer Schalttafel. Auf einmal öffnete sie die Tür zu einem geheimen Durchgang.
„Gut gemacht, Buh!", rief Sulley stolz. „Jetzt aber los!"

Endlich fanden Sulley und Buh Mike. Er war an eine merkwürdige Maschine angeschnallt. Randall hatte sie erfunden, um Schrei-Energie einzufangen!
Sulley befreite Mike und brachte dann seine beiden Freunde direkt in den Trainingsraum der Monster. Er wollte Waternoose um Hilfe bitten.

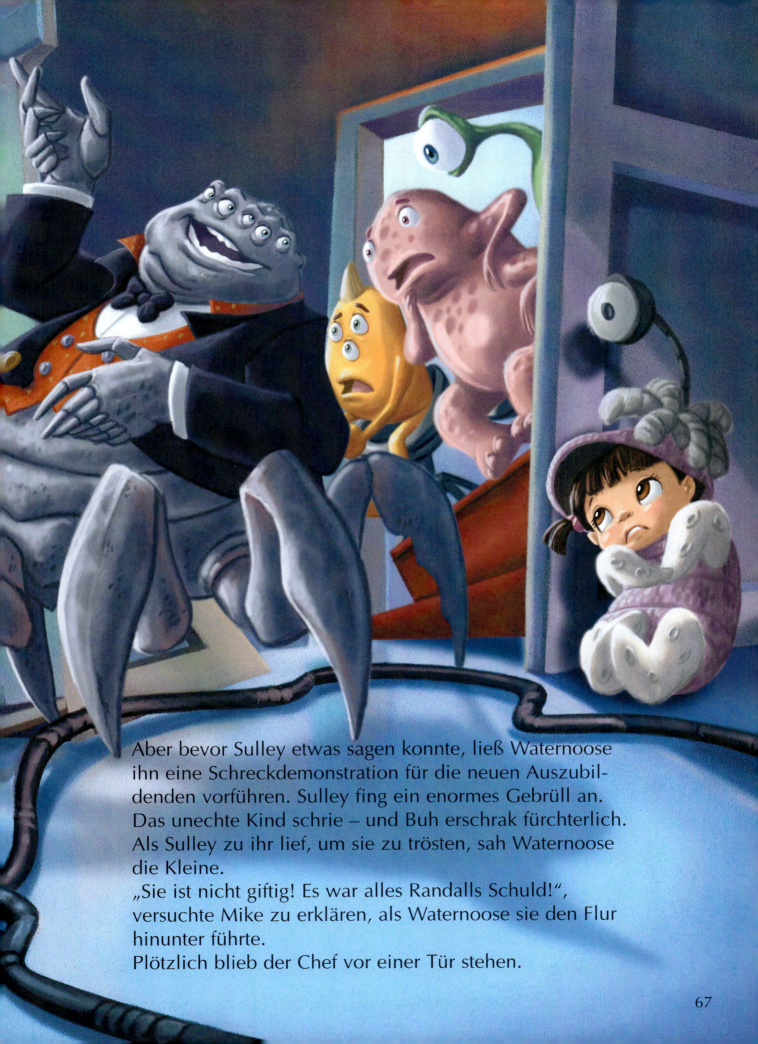

Aber bevor Sulley etwas sagen konnte, ließ Waternoose ihn eine Schreckdemonstration für die neuen Auszubildenden vorführen. Sulley fing ein enormes Gebrüll an. Das unechte Kind schrie – und Buh erschrak fürchterlich. Als Sulley zu ihr lief, um sie zu trösten, sah Waternoose die Kleine.
„Sie ist nicht giftig! Es war alles Randalls Schuld!", versuchte Mike zu erklären, als Waternoose sie den Flur hinunter führte.
Plötzlich blieb der Chef vor einer Tür stehen.

„Das ist nicht ihre Tür", sagte Mike.
„Ich weiß. Es ist *Ihre*", erwiderte Waternoose.
Dann schubste er Sulley und Mike aus der Tür. Draußen tobte ein gewaltiger Schneesturm. Mike und Sulley versuchten, zurück durch die Tür in die Monsterwelt zu gelangen, aber sie schafften es nicht.
Nun würde Sulley Buh nicht mehr retten können. Und Mike und er mussten den Rest ihres Lebens in der Welt der Menschen verbringen!

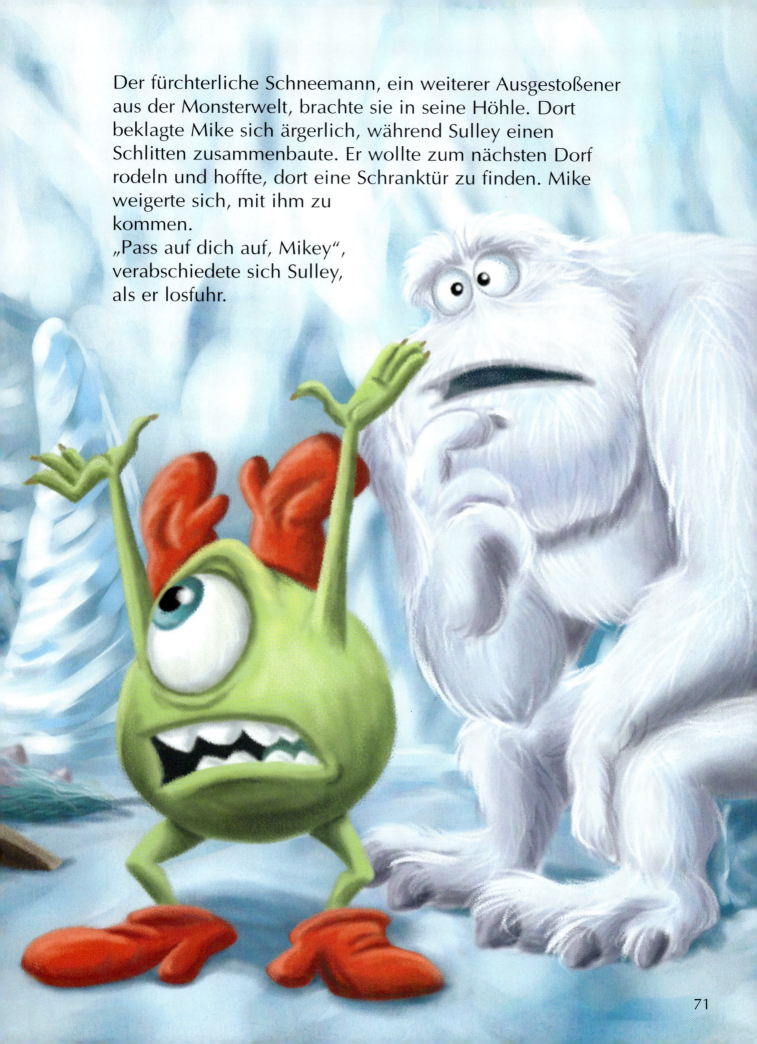

Der fürchterliche Schneemann, ein weiterer Ausgestoßener aus der Monsterwelt, brachte sie in seine Höhle. Dort beklagte Mike sich ärgerlich, während Sulley einen Schlitten zusammenbaute. Er wollte zum nächsten Dorf rodeln und hoffte, dort eine Schranktür zu finden. Mike weigerte sich, mit ihm zu kommen.
„Pass auf dich auf, Mikey", verabschiedete sich Sulley, als er losfuhr.

Kurze Zeit später stürmte Sulley durch eine offene Schranktür im Dorf in die Monster AG und stampfte zu Randalls geheimem Labor.
„Miezi!", hörte er Buh rufen.
Sie hatte ihm diesen Namen gegeben, weil sein Fell so weich war.
Und dann endlich fand er sie. Sie saß in Randalls Maschine! Mit großem Gebrüll sprang Sulley auf die Maschine zu, riss sie auseinander und befreite Buh.

Die beiden rannten davon, doch ein wütender Randall jagte hinter ihnen her. Er machte sich unsichtbar, indem er sich der Farbe der Wände und Böden anpasste. Genau da erschien Mike! Er hatte es nicht ertragen können, Sulley als Freund zu verlieren. Und so war er gekommen, um ihm zu helfen. Und er hatte ein paar Schneebälle mitgebracht. Er traf Randall damit und machte ihn so lange genug sichtbar, dass Sulley ihm einen Schlag versetzen konnte. So hatten Sulley, Mike und Buh gerade genug Zeit, um zur Etage des Schreckens zu kommen.

In der Halle traf Mike auf Celia. Doch Sulley ließ ihm keine Zeit, mit ihr zu sprechen. Er zog ihn einfach weiter. Da hielt Celia Mike an den Beinen fest. Er erklärte ihr ganz kurz die ganze Geschichte. Celia verstand und ließ ihn gehen.

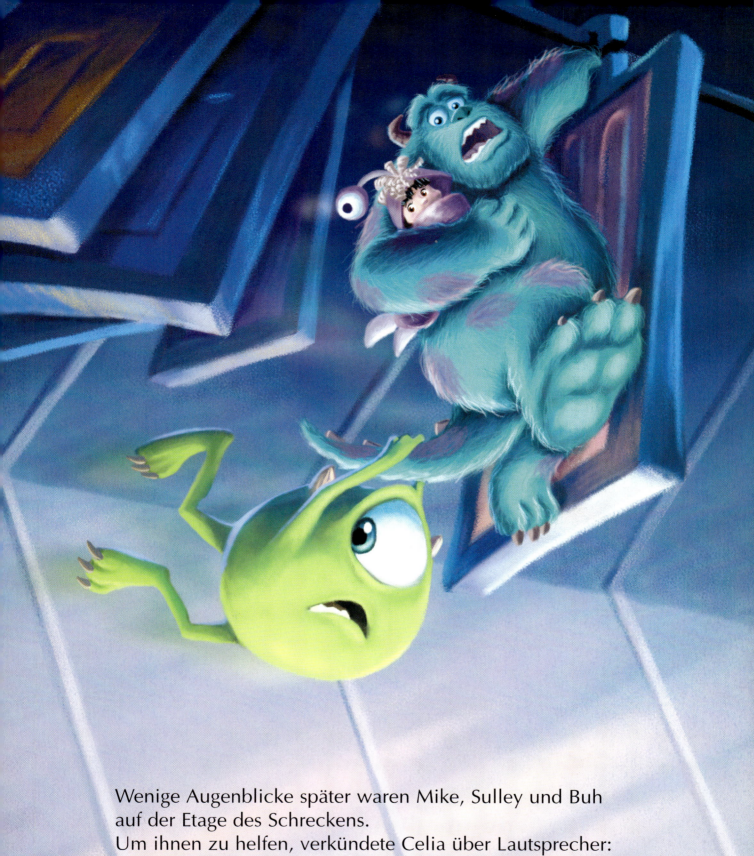

Wenige Augenblicke später waren Mike, Sulley und Buh auf der Etage des Schreckens.
Um ihnen zu helfen, verkündete Celia über Lautsprecher: „Alle Angestellten bitte herhören! Randall hat soeben den Erschrecker-Rekord aller Zeiten gebrochen!"
Dutzende von Monstern schwärmten nun um Randall herum, um ihn zu beglückwünschen, und hinderten ihn so daran, schnell zu Sulley, Mike und Buh zu gelangen.

In der Falle

Die drei folgten rasch Buhs Tür in den riesigen Keller. Doch plötzlich änderte das Förderband seine Richtung. Randall hatte sie eingeholt! Er sprang auf eine Tür und raste auf sie zu. Da hatte Sulley in letzter Sekunde eine Idee. Er bat Mike, Buh zum Lachen zu bringen. Und tatsächlich: Ihr Gelächter aktivierte alle Türen im Keller.

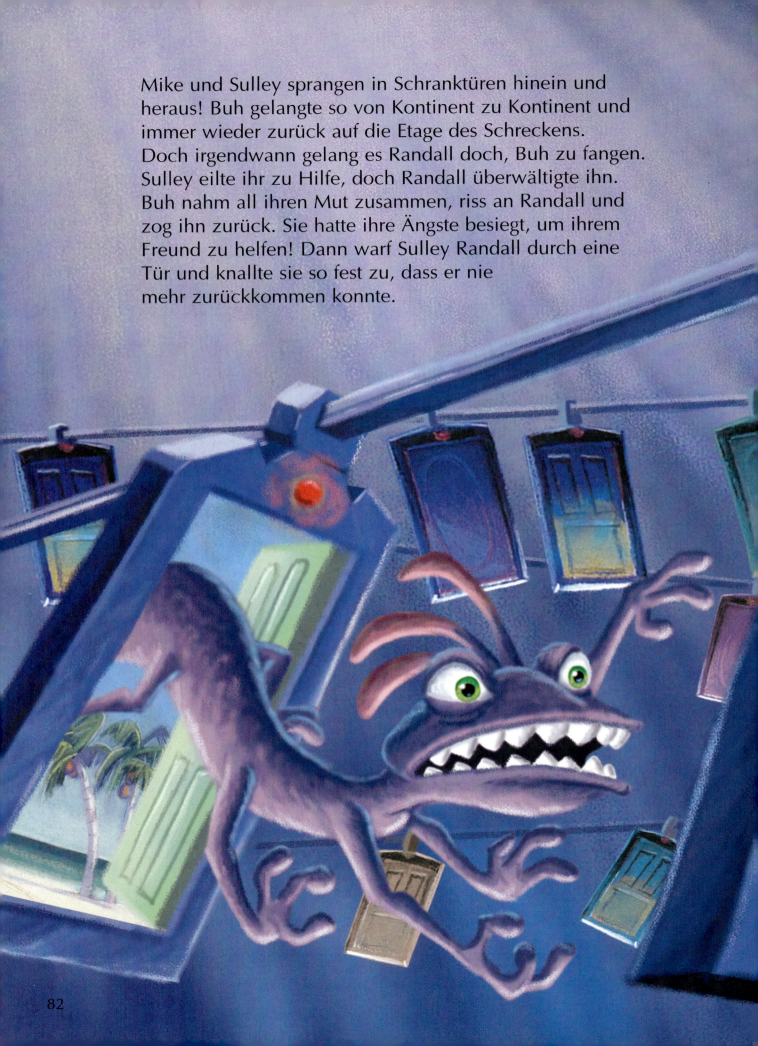

Mike und Sulley sprangen in Schranktüren hinein und heraus! Buh gelangte so von Kontinent zu Kontinent und immer wieder zurück auf die Etage des Schreckens. Doch irgendwann gelang es Randall doch, Buh zu fangen. Sulley eilte ihr zu Hilfe, doch Randall überwältigte ihn. Buh nahm all ihren Mut zusammen, riss an Randall und zog ihn zurück. Sie hatte ihre Ängste besiegt, um ihrem Freund zu helfen! Dann warf Sulley Randall durch eine Tür und knallte sie so fest zu, dass er nie mehr zurückkommen konnte.

Aber Sulley, Mike und Buh waren noch nicht außer Gefahr. Jetzt kontrollierten Waternoose und das KSK die Türen. Sie brachten die drei Freunde hinunter auf die Etage des Schreckens. Mike dachte schnell nach und lenkte dann das KSK ab, während Sulley mit Buh wegrannte. Leider entdeckte Waternoose Sulley und rannte hinter ihm her!

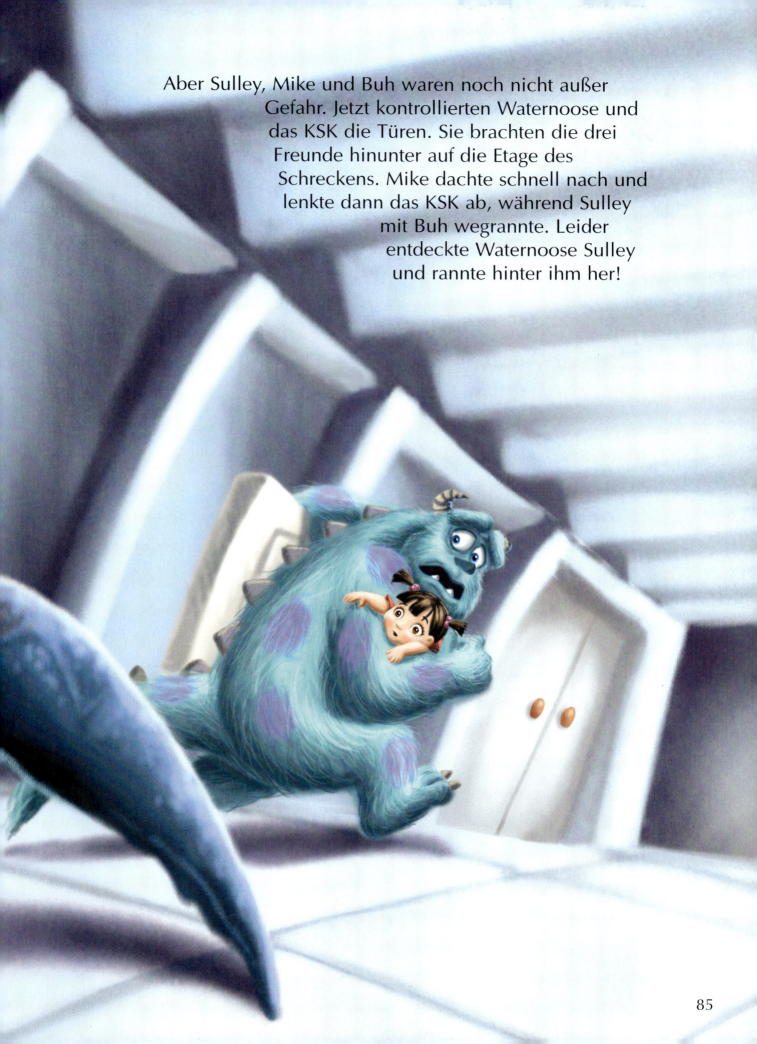

Er holte die beiden in einem leeren Raum ein und rief aufgebracht: „Ich werde tausend Kinder entführen, bevor ich diese Firma untergehen lasse!" Dafür hatten Waternoose und Randall die Maschine gebaut. Doch das war gegen das Gesetz! Auf diese Worte hatte Mike gewartet. Sie waren nämlich alle im Trainingsraum und Mike hatte jedes Wort von Waternoose aufgenommen.

Innerhalb von Augenblicken nahm das KSK Waternoose fest.
Dann wurde die Ankunft von „Nummer eins" angekündigt.
„Hallo, Jungs", begrüßte Roz Mike und Sulley.
„Roz?!", riefen die beiden gleichzeitig ganz überrascht.
Roz hatte als Geheimagentin für das KSK gearbeitet! Nun war sie hier um sicherzustellen, dass Waternoose abgeführt und Buh zurück in die Welt der Menschen gebracht wurde.

Wer zuletzt lacht ...

Roz gab Sulley und Mike fünf Minuten, sich von Buh zu verabschieden. In ihrem Zimmer spielte Sulley noch ein wenig mit der Kleinen und brachte sie dann ins Bett. „Miezi muss gehen", verabschiedete er sich schließlich von ihr. Schweren Herzens drehte er sich dann um und ging durch Buhs Schranktür hinaus. Als er auf der anderen Seite herauskam, ließ Roz Buhs Tür zerstückeln. Nun würde kein Monster sie je wiedersehen können.

Monate später stand Sulley auf der Etage der Monster AG. Er war nun Präsident und statt einer Etage des Schreckens gab es eine Etage des Lachens. Er hatte endeckt, dass aus dem Lachen von Kindern mehr Energie erzeugt werden konnte als aus ihren Schreien.

Trotz allem war Sulley traurig. Oft warf er einen Blick auf das Bild, das Buh von ihnen beiden gemalt hatte. Er vermisste sie sehr.
Eines Tages führte Mike ihn in den Trainingsraum. Er hatte Buhs zersägte Tür wieder zusammengesetzt. Sulley brachte das letzte Teil an seinen Platz und das rote Licht leuchtete auf. Man konnte wieder durch die Tür hindurchgehen.

Sulley legte seine Tatze auf die Tür und öffnete sie.
„Buh?", fragte er und lugte in den Raum.
„Miezi!", antwortete eine aufgeregte Stimme.
Die beiden Freunde waren endlich wieder vereint!

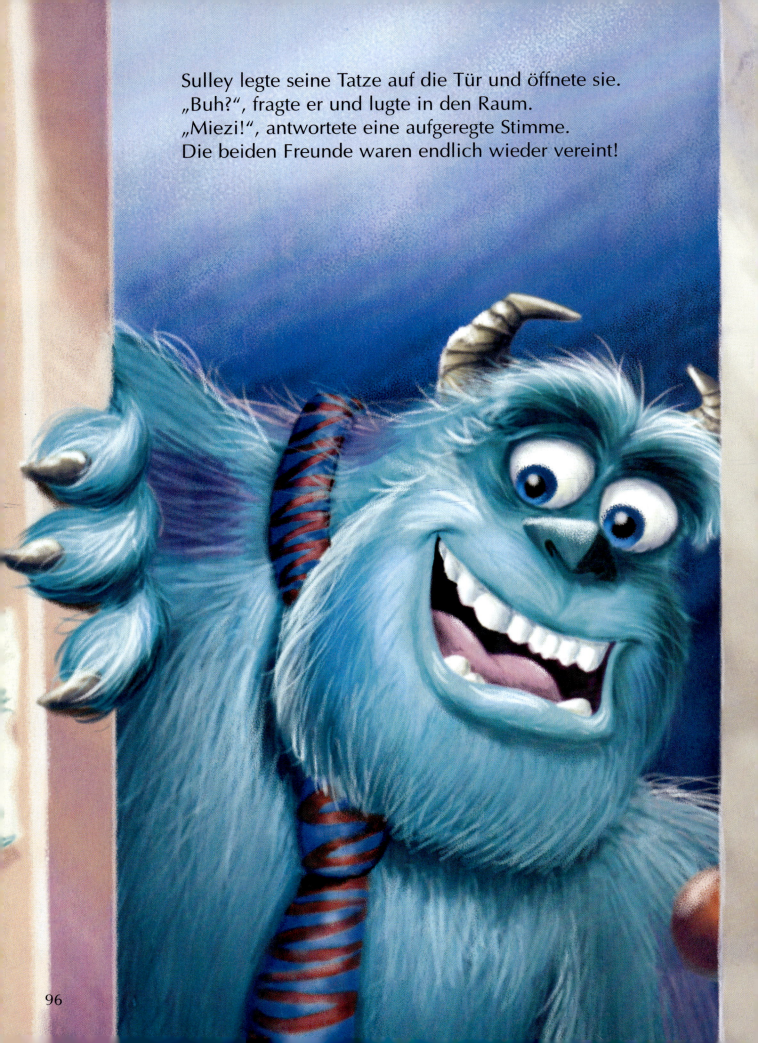

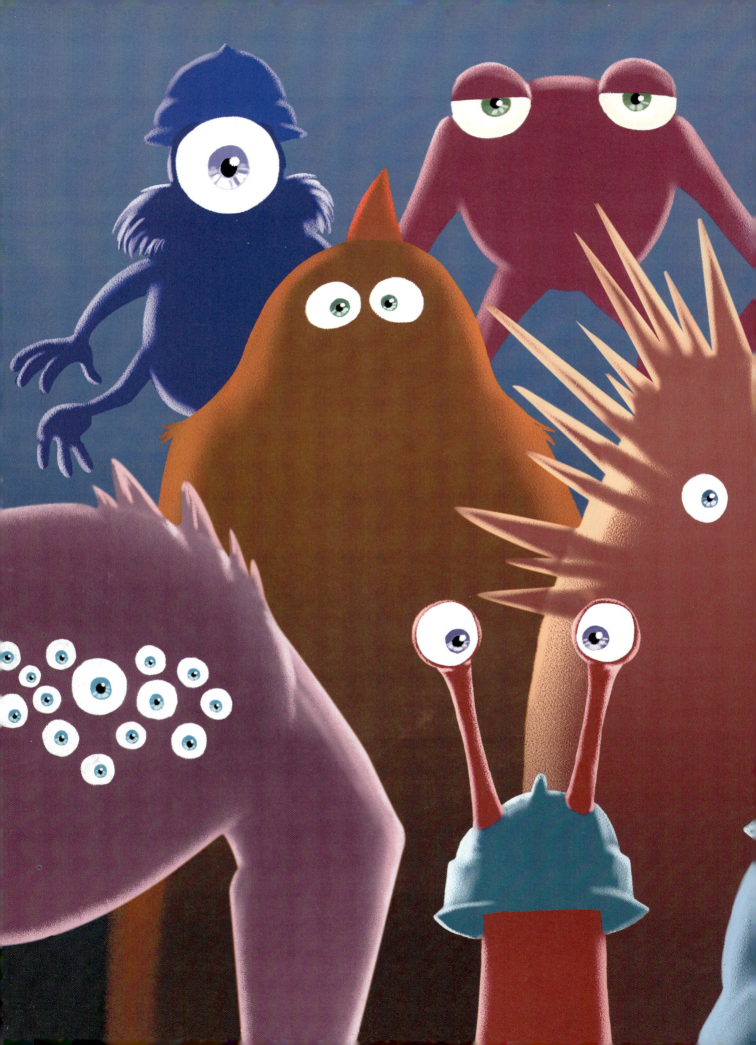